Rainer Haak

Loslassen muß ich lernen

SKV-Edition, Lahr/Schwarzwald

Bildnachweis:
Umschlagbild: L. Bertrand
Innenbilder: S. 9: E. Sadowski; S. 11, 39: W. Söllner; S. 13: M. Ruckszio; S. 15, 23: L. Bertrand; S. 17: W. Schneider; S. 19, 43, 47: R. Haak; S. 21, 31: P. Santor; S. 25, 33: H. Mülnikel; S. 27: D. Epple; S. 29: K.-H. Nill; S. 35: H. Herfort; S. 37: St. Lipp; S. 41: F. Schmidle; S. 45: G. Eppinger

Die Deutsche Bibliothek – CIP-Einheitsaufnahme

Loslassen muß ich lernen / Rainer Haak. – 2. Aufl. –
Lahr/Schwarzwald : SKV-Ed., 1993
(Wegweiser für dich und mich ; 92 770)
ISBN 3-87729-778-1
NE: GT

ISBN 3 87729 778 1

Wegweiser für dich und mich 92 770
2. Auflage 1993

Gesamtherstellung:
St.-Johannis-Druckerei, 7630 Lahr
Printed in Germany 3180/1993

Loslassen muß ich lernen

Es gibt vieles, was mich krank macht, was mir das Leben schwermacht. Es macht mich krank, von Verletzungen oder Wunschvorstellungen aus meiner Vergangenheit nicht loszukommen. Es macht mir das Leben schwer, an Menschen oder Ereignissen festzuhalten, die längst Vergangenheit sind. Glaube kann krankmachen, wenn er mir Freude und Würde nimmt. Es gibt unnötige Probleme und Schwierigkeiten, die ich treu pflege und von denen ich mir das Leben zur Hölle machen lasse. Und eine besitzergreifende Liebe, wenn es überhaupt Liebe genannt werden darf, kann mein Leben zerstören und das des geliebten Menschen.

Ich frage mich, ob ich bereit bin, das loszulassen, was mich bedrückt, was mich krank macht. Habe ich Angst vor der Veränderung in meinem Leben? Habe ich Angst, die Krankheit loszulassen und wieder gesund zu werden? Liebe ich mich nur, wenn ich leide? Brauche ich einen guten Grund dafür, mit mir Mitleid haben zu können?

Liebe Leserin, lieber Leser,
loslassen können ist keine Schwäche, sondern eine Stärke. Loslassen macht das Leben in den meisten Fällen nicht schwerer, sondern leichter. Ich will Sie jetzt nicht einladen, gesunde Beziehungen abzubre-

chen, gute Eigenschaften abzulegen und einen gesunden Glauben zu verachten. Vielmehr lade ich Sie ein, alles das loszulassen, was Sie vom Leben abhält. Lassen Sie los, was Sie krank macht und Ihr Leben zerstört!
Ich wünsche Ihnen, daß Sie falsche Sicherheiten und kranke Vorstellungen loslassen und dafür ein Leben in Freude und Vertrauen wählen.

Gute Erfahrungen beim Loslassen
wünscht

Ihr Rainer Haak

Ich kann mich gut erinnern, wie klein und zart ich als Kind war! Mein Vertrauen war grenzenlos. Ich kann mich auch erinnern, wie ich niedergedrückt und übergangen wurde. Ich wurde verletzt und entmutigt, von anderen Kindern und von Erwachsenen.
Wenn ich mich daran erinnere, dann steigt das Gefühl der Ohnmacht und Enttäuschung wieder in mir auf. Ich habe heute noch ein schlechtes Gewissen, wenn ich etwas nur für mich tue. Ich sehe noch oft die großen traurigen Augen meiner Mutter, so wie damals, als ich zu spät nach Hause gekommen bin.
Viele Verletzungen aus der Kindheit sind nicht verheilt. Das ist nicht gut für mich und meine Mitmenschen. Ich möchte die negativen Kindheitserinnerungen endlich loslassen!

Viele falsche Bilder über mich selbst haben sich in mir festgesetzt. Manches habe ich mir eingeredet. Anderes habe ich so oft gehört, daß ich es inzwischen glaube. "Ich mache alles falsch!", so denke ich nach einigen Mißerfolgen. "Ich bin ungeschickt. Ich kann nicht zärtlich sein. Ich kann keine dauerhafte Beziehung eingehen. Ich bin nicht liebenswert. Ich tauge zu nichts!"
Ich will Abschied nehmen von den falschen, kaputtmachenden Vorstellungen und Meinungen, die ich von mir habe. Ich will neu anfangen mit mir selbst. Ich will mir neu vertrauen. Und ich will dieses neue Bild auch durch Mißerfolge nicht zerstören lassen.

Menschen haben ihre Heimat verloren. Für diejenigen von ihnen, die loslassen können, ist ein Neuanfang möglich. Sie können erleben, wie aus einem fremden Land eine neue Heimat wird.
Festhalten macht das Leben unnötig schwer. Ich verbaue mir wichtige Möglichkeiten. Ich zerstöre mir meine Chancen im Beruf, in der Freundschaft. Ich erlebe, wie Menschen sich vor meinem Klammern schützen, sich von mir zurückziehen und mich vor den Kopf stoßen.
Mein Glück zerbricht, wenn ich versuche, es an mich zu drücken.

Ich kann mich selbst gewaltig überschätzen. Ich halte mich für klüger, zuverlässiger, geschickter als andere. Ich blicke auf andere herab, weil ich mich für überlegen halte. Ich halte mich für wertvoller als andere. Ich bin der Mittelpunkt der Welt. Ich bin treuer und hingebungsvoller, oder ich trauere länger oder erdulde mehr oder habe größere Probleme als andere.

Ich will mich von meiner Selbstvermessenheit trennen. Ich will mich als Mensch sehen, der einzigartig ist – wie Milliarden andere auch. Ich habe eine besondere Würde als Original und Geschöpf Gottes – wie alle anderen auch. Ich liebe und hasse und bin erfolgreich und erfolglos – wie alle anderen. Ich darf andere Menschen gelten lassen und ihre Größe und Würde anerkennen.

So vieles in meinem Leben engt mich ein und droht mich kaputtzumachen. Ich frage mich immer häufiger, ob das so sein muß. Hat Gott mir nicht viele gute Gaben und Möglichkeiten zum Leben gegeben? Muß mein Leben eine Qual sein?
Ich will eine offene, schonungslose Bilanz meines bisherigen Lebens ziehen. Was nimmt mir die Luft? An welche Pflichten, die ich übernommen habe, denke ich nur mit einem schrecklichen Drücken im Magen? Welche Freundschaften und Beziehungen sind im Laufe der Jahre zur Sklaverei geworden? Welche Wünsche wurden vor oder nach ihrer Erfüllung zu Alpträumen?
Ich will unterscheiden lernen, was gut und sinnvoll für mich und andere ist, und was niederdrückt und zerstört.

Viele Gegenstände haben sich im Laufe meines Lebens angesammelt. Manches war teuer, und ich mußte lange darauf sparen. Billige Geschenke und Andenken finden sich, wichtige Erinnerungen an liebe Menschen. Einiges habe ich gekauft, weil ich mich selbst dadurch aufwerten wollte. Vieles staubt heute in Schränken und Regalen ein.
Ich will fragen, welche Dinge für mich gut sind und was mich belastet. Ich will aufhören, aus meinem Besitz eine falsche Sicherheit zu schöpfen. Ich will erspüren, was zu mir paßt und mir Freude bereitet. Und ich will aufhören, den Dingen nachzutrauern, die ich verloren habe.

Geschieht es aus Liebe oder aus Angst, daß ich immer wieder versuche, Menschen an mich zu binden? Warum habe ich die Pflege dieses Menschen übernommen? Will ich mir dadurch Nähe erkaufen? Erwarte ich Liebe und immerwährende Dankbarkeit? Warum sage ich so oft: "Das habe ich alles für dich getan!" oder "Ich habe nie an mich gedacht!"? Und wie oft habe ich mich bewußt unentbehrlich gemacht!
Ich will damit aufhören, Geschenke zu geben und gleichzeitig Liebe zu erwarten. Ich will aufhören, Druck auf Menschen auszuüben, denen ich Gutes getan habe und von denen ich jetzt eine Gegenleistung erwarte. Ich will aufhören, mit Dankbarkeit und Gegenliebe zu rechnen. Ich will Menschen, die ich an mich gebunden habe, jetzt freigeben!

Ein Mensch, der mir sehr nahestand, ist gestorben. Gemeinsame Jahre und Erfahrungen haben uns verbunden, und ich spüre, wie diese Verbindung auch nach dem Tod bleibt. Jedes Zimmer hier atmet die Erinnerung dieses Menschen. Wie soll ich ohne ihn leben? Er ist in meinen Träumen und meinem Denken. Und selbst unsere ungelösten Konflikte und gegenseitigen Verletzungen scheinen das Band zwischen uns fester und fester zu ziehen.
Ich will diesen Menschen loslassen. Ich will seinen Tod akzeptieren lernen. Ich will ihm nicht länger vorwerfen, daß er als erster gegangen ist. Ich will darauf vertrauen, daß es noch neue Räume in meinem Leben gibt, die nicht ständig an ihn erinnern und ganz andere Lebensmöglichkeiten bieten.

Meine Trauer hat mich einsam gemacht. Ich habe gute Freundschaften abgebrochen. Ich habe mich bei mir verkrochen und versuche, Kontakte so weit wie möglich zu vermeiden. Ich überlasse mich selbst meinem Schmerz. Jede Konkurrenz für den Schmerz räume ich aus dem Weg. So kann mich nichts und niemand von meinem Schmerz abhalten oder auch nur ablenken, und diese Tatsache verstärkt den Schmerz noch weiter.

Ich will mich endlich wieder für das Leben aufschließen. Ich möchte wieder kontaktfähig werden. Ich will die Einsamkeit so gerne überwinden und aufhören, mir selbst die Zukunft zu verbauen und mir alles zu verbieten, was den Schmerz und die Trauer mindern könnte.

Mein Glaube ist zusammengesetzt aus vielen einzelnen Gedanken und Bildern. Es gibt religiöse Vorstellungen in meinem Leben, die nicht gut sind. Sie machen krank, sie erniedrigen mich. Sie hindern mich daran, erwachsen zu werden. Manche Bilder von Gott machen mir Angst. Da begegnet mir Gott als seelenloser Aufpasser und Richter, der mir nichts gönnt, was Freude macht, und mir ein farbloses Leben aufzwingen will.

Diese Vorstellungen möchte ich so gerne loslassen. Ich will dem Gott vertrauen, der mich unendlich liebt, der mir eine einzigartige Würde gibt und mir die vielen Farben des Lebens ermöglichen will. Ich brauche keinen Glauben, der krank macht, sondern tröstet, aufrichtet und heilt.

Ich freue mich darüber, wenn jemand mich jünger einschätzt, als ich in Wirklichkeit bin. Ich versuche selbst, vieles zu tun, um jünger zu wirken. Ich glaube, manchmal wirkt das eher peinlich als jugendlich. Warum versuche ich, andere und letztlich auch mich zu täuschen? Will ich mir unbewußt einreden, daß ich immer jung bleibe? Glaube ich daran, endlos Kraft zu haben und mit den Jüngeren mithalten zu können?
Ich will die Vorstellung loslassen, immer jung bleiben zu müssen. Ich will die Chance wahrnehmen, auch andere Altersstufen und Lebensabschnitte zu entdekken und zu akzeptieren. Ich will sie leben und gestalten und genießen. Ich will mich lieber rechtzeitig darauf vorbereiten, alt zu werden, als mir weiter etwas vorzumachen und mein Leben zu versäumen.

In manchen Lebensphasen denke ich voller Sehnsucht an die wunderbaren Möglichkeiten, die das Leben bietet. Warum sind sie nicht auch für mich möglich? Gelten sie nur für andere? Ich beobachte wildfremde Menschen und beneide sie um ihr Glück, um ihre Freiheit oder um ihren Mut.
Solange ich in der Vergangenheit gefangen bin, steht mir die Zukunft nicht offen. Solange ich einen Lebensabschnitt nicht abgeschlossen habe, ist der nächste für mich versperrt. Solange ich nicht Abschied genommen habe, bin ich nicht frei für neue Wege und neue Menschen und Aufgaben.
Zu oft halte ich fest und habe dadurch nicht die Hände frei für Neues!

Plötzlich greift die Schwermut nach mir. Völlig unerwartet gewinnt die Melancholie Macht über mich. Die Freude ist aus meinem Leben gewichen, und meine einzige Lust besteht darin zu leiden. Ich kann nicht mehr in Freiheit lieben und bin verliebt in mein Unglück und mein Versagen. Die besten Möglichkeiten verbaue ich mir selbst. Ich zerstöre meine Freundschaften und mein Glück. Ich zerstöre meinen Körper und bin verliebt in die eigene Zerstörung.
Ich möchte so gerne zum Leben zurückkehren. Ich wünsche mir einen neuen Anfang. Ich brauche einen ganz neuen Blick, ein neues Bild von der Welt und von mir. Ich möchte so gern!

Viele meiner Kindheitsträume sind mir heute noch gegenwärtig. Manche Wünsche und Vorstellungen von damals bestimmen mein Denken noch heute. Und mein Kinderglaube, der damals sicher gut und angemessen für mich war, ist später nicht richtig mit mir gewachsen.
Es ist Zeit, daß ich ganz erwachsen werde. Die Träume meiner Kindheit engen mich ein, wenn ich mich nicht von ihnen löse. Ich möchte die Grenzen der Kindheit sprengen und neue Möglichkeiten und Sichtweisen sehen. Ich möchte mich als erwachsene, eigenständige Persönlichkeit entdecken und neu träumen, neu planen und endlich erwachsen glauben, hoffen und lieben.

Ich bin in Dinge verstrickt, die mir das Leben schrecklich schwermachen. Ich habe Pflichten übernommen, die mich langsam kaputtmachen. Ich komme vor lauter Sorgen manche Nacht nicht zum Schlafen. Ich will mit einer ganz neuen Offenheit fragen, welche Schwierigkeiten und Probleme in meinem Leben unnötig sind. Ich will meine ausweglose Lage nicht ausweglos bleiben lassen. Ich will konsequente Schritte gehen, um mich von meinen Sorgen zu befreien, von unnötigem Grübeln und von meinem Pessimismus, der die Schwierigkeiten oft erst produziert. Ich will nicht weiterleben wie bisher. Ich will wieder frei atmen können und mich auf den morgigen Tag freuen.

Bei vielen Planungen in meinem Leben gehe ich unbewußt davon aus, ich würde ewig leben. Oft vertue ich meine Zeit und versäume Möglichkeiten, die niemals wiederkehren werden. Viel zu selten stelle ich die Frage nach dem, was Bestand hat im Leben. Ich lebe in dem Gefühl, unverletzbar zu sein und mich von nichts kontrollieren oder beherrschen zu lassen. Und dann wirft mich schon eine Krankheit völlig aus der Bahn . . .
Ich will meinen Ewigkeitswahn loslassen und mich als endlich und sterblich erkennen und akzeptieren. Ich will die Zeit nutzen und mit meiner Verletzbarkeit umgehen. Ich will die Möglichkeiten, die sich mir bieten, sinnvoll nutzen und neu nach Gott fragen, der allein ewig ist.

Kinder gehören mir nicht. Kein Mensch kann ein Kind besitzen. Kinder sind mir anvertraut. Ich darf kein Kind an mich binden, weder aus Liebe noch aus Angst. Warum halte ich mein Kind oft von anderen fern? Ich will es schützen, so sage ich, und habe in Wirklichkeit schreckliche Angst, es zu verlieren.
Das größte Geschenk, das ich einem Kind machen kann, besteht darin, ihm Liebe und Freiheit zu schenken. Ich will ihm eigene Schritte ermöglichen und mich mehr und mehr entbehrlich machen, auch wenn es wehtut. Ich will Liebe niemals an Bedingungen knüpfen und keinen Druck ausüben, selbst geliebt zu werden.

Meinem Glück stehe ich oft selbst im Wege. Ich liebe einen Menschen, der absolut nichts von mir wissen will. Und gerade diese Ablehnung stimuliert meine Zuneigung und steigert die vermeintliche Liebe ins Unendliche. Ich leide an der Zurückweisung und Ablehnung und halte trotzdem an ihm fest. Ich komme mir dann besonders treu und zuverlässig und romantisch vor.

Ich will mir gerne Freunde aussuchen, die mich auch mögen. Wo ich merke, daß ich unerwünscht bin, will ich ohne Selbstmitleid die Konsequenzen ziehen. Ich will an niemandem festhalten, der nichts von mir wissen will. Ich will mich auf nichts einlassen, wenn ich als Verlierer bereits feststehe. Ich will meinem Glück nicht länger im Wege stehen.

Ich suche Halt in meinem Leben. Ich brauche Halt. Ich kann nicht wirklich leben, ohne einen Sinn für dieses Leben zu wissen. Wo finde ich Sinn? Wo finde ich Zukunft? Woran kann ich glauben? Wem kann ich ohne Vorbehalte vertrauen?

Manchmal fürchte ich, daß ich am falschen Ort gesucht habe. Ich bin etlichen Götzen der modernen Zeit auf den Leim gegangen. Ich will loslassen, was nicht wirklich trägt. Ich will endlich erleben, wie ich Halt finde. Ich will neu meine eigene Stärke entdecken. Ich will herausfinden, welchen Menschen ich wirklich vertrauen kann. Und ich will neu mit Gott rechnen, der meine Stärke und meine Zukunft ist.

Ich möchte mich am Leben freuen und es genießen. Und dann versuche ich, alles festzuhalten, was mir Freude oder Genuß bereitet. Dabei habe ich die Erfahrung gemacht, daß ich nur das genießen kann, was ich nicht krampfhaft festhalte. Das gilt für meine Gesundheit, das gilt für gute Freundschaften, für einen unvergeßlichen Urlaub oder einen besonders schönen Tag. Das gilt für meinen Besitz, und das gilt für meine Familie.

Viele Wünsche in meinem Leben haben sich erst erfüllt, als ich sie loslassen konnte. Manche Ziele habe ich erreicht, als ich aufhörte, sie krampfhaft im Blick zu haben. Und Aufgaben habe ich dann gelöst, wenn für mich daran nicht mehr meine ganze Zukunft hing.

Dies ist nur ein Titel von mehreren aus der Reihe »Wegweiser für dich und mich«. Vielleicht wollen Sie jetzt gerne weiterlesen. Folgende Titel sind lieferbar:

Hoffnung ist ein Geschenk (92 751)
Auf allen deinen Wegen (92 752)
Das kleine schwere Wort »danke« (92 753)
Anders leben müßte man (92 754)
Jeder möchte glücklich sein (92 755)
Liebe verändert die Welt (92 756)
Trauern heißt neu anfangen (92 757)
Wunder gibt es überall (92 758)
Sehnsucht nach Leben (92 759)
Stille brauchen wir alle (92 760)
Gut, daß es Freunde gibt (92 761)
Mitten im Leben ist Geburtstag (92 762)
Zeichen der Gemeinschaft (92 763)
Auf der Suche nach Freiheit (92 764)
Jeden Tag Freude (92 765)
In mir ist eine ganze Welt (92 766)
Geboren um zu leben (92 767)
Dankbar für jeden Augenblick (92 768)
Die Freude am Reisen (92 769)
Loslassen muß ich lernen (92 771)
Danke, daß du da bist (92 771)
Ein Leben voller Abenteuer (92 772)

Sammeln Sie mit?